CONSPIRATION

CONTRE LES CONSÉQUENCES

DE LA RÉVOLUTION DE JUILLET.

CONSPIRATION
DE L'OLIGARCHIE

DOCTRINAIRE, LIBÉRALE ET FÉODALE,

CONTRE

LES JUSTES CONSÉQUENCES

DE LA RÉVOLUTION DE JUILLET;

Par ******

DU DÉPARTEMENT DE LA MANCHE.

Paris.

DE L'IMPRIMERIE DE AUGUSTE AUFFRAY,

PASSAGE DU CAIRE, N° 54.

FÉVRIER 1831.

CONSPIRATION
CONTRE LES CONSÉQUENCES

DE LA RÉVOLUTION DE JUILLET.

C'est une singulière chose que ce qui se passe en France depuis six mois!

La révolution de juillet n'ayant été que le passage dans les faits, la mise à exécution d'un immense progrès, opéré depuis plusieurs années dans les jeunes esprits et le peuple, c'est-à-dire dans les classes moyennes et inférieures, si insidieusement dépouillées de tous droits politiques à la restauration devait leur profiter.

La coterie oligarchique, investie de tous les pouvoirs par le pacte mensonger de 1814, ne faisait (le fait est visible) que parlementer depuis seize ans, non pour savoir qui servirait la France, mais bien qui la duperait le mieux et le plus. Aussi, qu'on prenne tous les journaux, qu'on lise tous les débats quotidiens depuis cette époque, et on verra que, dans tout ce déluge de discours et de phrases, il n'est pas le moins du monde question des intérêts du pays, mais bien plutôt, et selon chaque semaine, que le vent soufflait de droite ou de gauche, de ceux de quelques ignobles coteries, de quelque ambitieux vulgaire et méprisable, qui, n'exploitant pas ou qui exploitant seulement le budget de seconde main, voulait l'exploiter de première.

Or, n'est-ce pas là en effet ce que nous voyions depuis 1814, et ce que nous aurions peut-être toujours vu, sans que par bonheur les élémens constitutifs de la civilisation et de la société en France, étaient tout différens de ceux de la nation anglaise? Oui, assurément, autrement nous tombions dans le piége établi de l'autre côté du détroit, et qui consiste dans le système politique le plus monstrueux, le plus immoral et le plus absurde qui ait jamais pesé sur un peuple; c'est-à-dire, dans la réalisation d'une combinaison sociale, libérale en apparence, mais qui n'est en réalité qu'un grossier mensonge, qu'une comédie politique qui se serait éternellement jouée chez nous comme à Westminster, dans deux salles, l'une appelée le palais Bourbon, et l'autre le Luxembourg.

Mais heureusement que nous n'en étions plus au seizième siècle, et que le bon sens public savait très-bien démêler chez nous, chaque matin, ce qu'il y avait de faux, d'illusoire et d'étranger à ses intérêts dans tous ces discours et journaux compères ou imposteurs (1), et qu'il n'attendait qu'une bonne occasion, que quelque heureux incident ou bonne

_____

(1) Les journaux de 1815 à 1826 n'ont été (hors un seul que l'on pourrait encore nommer), que des instrumens, que des machines fonctionnant à l'avantage exclusif de quelques basses et viles médiocrités, ou pour faire la fortune de quelques charlatans. Voyez-les dans ces beaux jours! pas un seul n'en nommera un autre dans la crainte de le faire connaître : il a fallu que la régénération nouvelle y apparût enfin pour y remettre la bonne foi.

bévue politique que ne pouvait manquer de faire une dynastie imbécile et décrépite, qui ne comprenait, (et il le voyait bien) rien à la marche de son siècle.

Cet incident arriva enfin le mois de juillet au moyen de la publication des fameuses ordonnances dans le *Moniteur* du 26. Alors un cri soudain et universel se fit entendre, et la restauration en compagnie de la fraction congréganiste de l'oligarchie, regagnait déjà ses anciens pénates par le port de Cherbourg. Restait l'autre fraction, mais inconnue pour ce qu'elle était au fond, car les prétentions de la royauté, dite légitime, avaient toujours été tellement loin de raison, que les débats ne s'étaient jamais établis sur la question de savoir si le peuple français serait ou ne serait pas libre, mais bien plutôt sur des intrigues et des misères politiques et d'amour-propre, et sur celle de savoir, en dernier lieu, s'il pourrait seulement ouvrir la bouche, respirer et vaquer à ses affaires.

Or, on sent bien que des discussions établies dans un cercle aussi étroit, ne pouvaient faire connaître la pensée entière de ceux qui parlaient au nom de l'opposition, ou briguaient l'honneur de représenter la nation à la chambre des députés. De là les deux cent vingt-un.

Ces honorables citoyens avaient appuyé une adresse par laquelle ils réclamaient (à genoux il est vrai) l'intervention du pays dans les affaires; mais, quoiqu'elle ne dît pas en quoi ni jusqu'où elle devait s'étendre, ils résistaient, et cela suffisait pour le moment; on crut donc au patriotisme des deux cent vingt-un, et on les renvoya à la Chambre soutenir leur ouvrage.

Nous venons de parler des ordonnances de juillet; tout le monde s'y attendait, ou au moins prévoyait que le pouvoir, avec les prétentions qu'il affichait chaque jour, ne pouvait manquer d'avoir recours à quelque chose de semblable; mais de même que la grenouille de la fable, en voulant devenir plus grosse que le bœuf, avait fini par s'anéantir; de même la royauté à force de se faire divine, était redevenue simple particulier, et cheminait à petites journées dans les champs de la Normandie; il en fallait par conséquent un autre, mais avec des garanties cette fois.

Or, le hasard nous favorisait, car au milieu des individualités du siècle, il s'en trouvait une placée là, comme sous la main, pour occuper la grande magistrature. M. le duc d'Orléans, en effet, homme simple, modeste et sans faste, excellent citoyen, bon époux et père d'une nombreuse famille, était ce qui convenait à la nation, aussi, dès avant que M. Dupin, le sauveur, eût noué les cordons de ses souliers et couru à pied le chercher à Neuilly, son nom se trouva-t-il dans toutes les bouches. C'est un fait que tout le monde, peuple et autre, se prononça en faveur de M. le duc d'Orléans pour la lieutenance générale; mais il fallait proclamer cet assentiment, et personne n'était mieux en position de le faire que les deux cent vingt-un. Ils le proclamèrent aussi.

Restait à rédiger les règles du pacte fondamental, et pour cela, il suffisait de sortir et d'écouter, car elles étaient également dans toutes les bouches, dans tous les journaux, écrits et imprimés très-bien formulées et ici comme pour la lieutenance générale et de plus, Paris n'était pas la France entière et le temps pressant, les deux cent vingt-un étaient encore ce qui convenait le mieux, se placer donc au bureau, saisir une plume, écouter le peuple et transcrire était tout ce qu'ils avaient à faire, ils le firent aussi, tant bien que mal, mais en bien tremblant toutefois, quoiqu'il n'y eût rien à craindre; mais ces Messieurs n'y voyaient pas de si loin à moins pourtant qu'ils ne feignissent déjà la peur pour l'exploiter, comme ils ont fait trois et cinq mois après, lors du procès des anciens ministres.

Cette mission terminée, mission toute de circonstance, nécessitée par une force majeure, le salut du peuple, ne donnait aucun droit aux Députés de l'ancienne Charte pour l'avenir.

En effet, instrumens momentanés de la voix populaire, qui était la providence en personne, cette voix ne s'était servie d'eux que comme d'un instrument trouvé sous sa main pour rédiger la loi des lois et la faire accepter par le Lieutenant Général. Cela fait, les volontés et la souveraineté étaient passées de la rue dans les mains du prince; le pouvoir n'était plus flottant, tout se rasseyait, et on devait convoquer les assemblées soit d'après la loi de 91 ou tout autre mode, propre à produire la juste et véritable manifestation de l'opinion du pays; l'assemblée provenant de ces élections, décrétait ensuite une loi électorale et toutes les lois énumérées à la suite de la déclaration des droits, l'a-t-on fait? non, et bien loin de là.

Mais ici nous avons besoin de nous arrêter un moment pour jeter un coup d'œil rapide sur l'état de la société, telle que la marche du temps l'a faite.

Dès au commencement du dix-huitième siècle, la fédoalité, dernier produit du moyen âge, ne pouvait se soutenir long-temps en présence de la critique et de la liberté d'examen, des découvertes dans les sciences et de l'industrie qui naissait chaque jour de ces trois causes. D'un autre côté, le despotisme trouvant facilement, pour soutenir ses orgies, des impôts par l'industrie, fut amené à protéger l'industrie; de son côté, l'industrie fournissant non-seulement le nécessaire à la classe moyenne encore peu nombreuse qui s'y livrait, mais même l'aisance et parfois la richesse, la noblesse grande et petite se trouvait par-là si non effacée au moins perdait beaucoup de son importance, et elle le sentait très-bien. Alors pour soutenir son rang, elle fut obligée de recourir à des emprunts; mais ces emprunts marchant comme la cause qui les nécessitait, furent bientôt tellement multipliés qu'au lieu de soutenir et prolonger l'éclat de la noblesse, ils l'affaiblirent en la mettant dans la dépendance de tout le monde.

C'est un fait facile à vérifier, que, si l'on examine les titres de créances contre les émigrés, déposés en grande partie aux archives de la Direction générale des Domaines et à celles du Ministère des Finances, on verra que presque tous les emprunts faits par la noblesse remontaient à peine à deux, quatre, six ou vingt ans tout au plus avant 89. Or n'est-ce pas tout justement pendant cet espace de temps que l'industrie et le commerce encouragés et protégés par les théories et les sages réglemens de Turgo firent les plus vastes progrès? Oui assurément.

Aussi, ces élémens nouveaux, s'infiltrant chaque jour davantage dans tous les interstices pour ainsi dire de la société, et en en changeant de plus en plus les rapports, faisaient-ils prévoir aux hommes profonds du temps, tel que Rousseau, la vaste et profonde révolution qui se préparait, et qui éclata en 1789. Cette révolution étant alors dans tous les esprits s'accomplit sans difficulté, et pour ainsi dire au bruit des chants et des toasts, même dans le corps entier de la noblesse, qui n'y voyait d'abord qu'une occasion de plus d'amusemens et de dissipation, comme de nos jours une partie de cet ancien corps, ne voyait dans l'avénement du ministère Polignac, et ses bravades de ceindre l'épée et monter à cheval qu'un gage de plus pour le triomphe de ses prétentions.

Mais, quand on vint à l'application, les intérêts se firent sentir, et on courut à Coblentz fomenter la guerre étrangère, sans davantage s'apercevoir que quelques gentilhommes, alors sans crédit, ne faisaient pas le fonds d'une nation ni sa force. La France fut donc bientôt victorieuse, et de combats en combats tous livrés chez l'étranger, elle fit enfin taire les rois et leurs cours.

Pendant ce temps-là, elle développait sa société civile, et sans les inconcevables folies de l'homme du génie et de l'égoïsme les plus inconcevables, jamais nous n'aurions vu les armées étrangères fouler le sol de la patrie, ni la restauration d'une dynastie antipathique.

Les Bourbons, en rentrant en 1814 et 1815, n'y voyaient pas de plus loin non plus; rappelés qu'ils furent par les intrigues d'une coterie, entièrement inconnue alors, sur leur trône, comme elle affectait de le dire, quoique S. S. Pie VII protestât du contraire, en disant que c'était seulement celui de leurs ancêtres, ils n'en tinrent compte, et pendant seize ans ils ont employé toutes les ressources de la ruse et de l'hypocrisie pour rebâtir l'ancien régime.

Quant à la guerre, elle ne leur aurait pas été plus favorable, et ils le savaient très-bien; car nécessitant la réunion et le mouvement de grandes masses armées, sortant toutes du milieu de populations dont le fonds leur était contraire, ils exposaient leur couronne. La campagne de 1823 en Espagne ne fait rien ici; car au lieu d'être pour les soldats, comme il en arrive ordinairement, un sujet de privations et de fatigues, on s'arrangea pour leur en faire, et on leur en fit en effet une occasion de jouissances et d'amusemens journaliers, pendant tout le temps qu'elle dura.

A l'égard de la paix, elle leur a été d'un autre côté autant funeste, car pendant les quinze dernières années qui viennent de s'écouler, le calme et la tranquillité en favorisant l'industrie, le commerce et les arts, ont puissamment contribué à développer et à accroître la civilisation, et sous ce dernier rapport ont donné plus de prix à la liberté en donnant à l'homme plus d'idées pour la sentir, l'apprécier, et de dignité pour repousser les outrages si l'on s'avisait de vouloir lui en faire subir.

Aussi, on l'a bien vu, dans les événemens de juillet, le parjure de l'ancien roi a été senti par toutes les classes de la population, comme le soufflet que recevrait publiquement un homme d'honneur. Les ordonnances du *Moniteur* du 26 ne furent pas en effet, envisagées autrement que comme une véritable provocation en duel : provocation si spontanément acceptée et vidée, que le peuple n'eut pas seulement le temps de réfléchir à la sublimité de ses actions. Vainqueur généreux et magnanime, il ouvrit de suite ses rangs aux deux cent vingt-un et s'en rapporta à eux pour formuler et déterminer ses droits; mais comment s'en sont-ils acquittés? il faut bien le dire, de la manière la plus inepte, pour ne pas dire plus.

Hommes notables qu'ils étaient, de la province, ou supposés tels, puisqu'ils paraissaient avoir obtenu une majorité de suffrages dans des élections récentes, à ne considérer que la mission d'une rédaction du pacte fondamental; mais qui dataient d'un siècle, s'il eût été question de leur faire discuter et voter des lois. Que font-ils?

Ils commencent par passer trois jours à vérifier

des procès-verbaux d'élection et à discuter sur ce que des tables étaient sans cartons, et des présidens de colléges adossés à des angles de salles, sans qu'on pût circuler librement derrière eux pour y lire simultanément les bulletins dans le dépouillement; nomination de cinq candidats à la présidence, selon l'ancienne Charte, comme s'il n'y avait pas eu rupture avec la restauration, et que la souveraineté qui, passée des mains d'un imbécile dans celle du peuple, ne leur eût pas été remise par celui-ci pour le constituer, vont présenter ces candidats à la présidence, dont le choix est un acte de souveraineté, à un homme qui n'est pas souverain et qui n'est qu'administrateur général, etc. etc., et cent autres inepties plus choquantes, si elles n'étaient déjà le résultat d'un plan de contre-révolution concerté et arrangé par une douzaine d'individus du Luxembourg et du palais Bourbon et que la masse du centre gauche se mit à suivre, sans seulement se douter où on la menait.

Depuis, bien des choses se sont éclaircies, et grand nombre des sages de ce côté, qui ne paraissant d'abord céder qu'à la peur de l'anarchie ont bientôt changé de sentimens, sans changer de manière d'agir. Encouragés par la coterie plus haut et la faction aristocratique insolente et duplex, représentée par le *Journal des Débats*, ils ont cru qu'ils pourraient en rompant brusquement avec leurs anciens principes, dénaturer la révolution, la faire dévier de sa marche, et se plaçant ainsi entre le droit divin qui n'avait pas voulu d'eux et les principes d'une franche et large liberté, ont voulu rétablir et constituer une espèce d'aristocratie bâtarde et cupide, mille fois plus méprisable et plus antipathique au bon sens public que celle que les événemens de juillet avaient précipité du pouvoir.

Depuis la marche du *statu quo* a toujours été en augmentant, quand celle de la contre-révolution et du plan de renversement de la royauté nouvelle, n'a pas prévalu (1); et, aujourd'hui, 26 janvier, il est évident pour tout homme qui ne veut pas fermer les yeux à la lumière, que c'est là où le ministère, poussé par la chambre, pourrait nous conduire sans s'en douter, et ce dans un temps donné de quinze ou dix-huit mois tout au plus. Voici comment les choses auraient été arrangées, et ce que se sont dit les conspirateurs secrets :

« Tenons à la paix, la paix avant tout ; parlons sans cesse de la paix, des souffrances de l'industrie, des pertes et de la stagnation du commerce, du besoin qu'on a de confiance et de tranquillité; abouchons-nous avec quelques riches négocians et agioteurs, qui n'y voient pas de loin, et parlons-leur dans le même sens; montrons-leur les catastrophes que ne manquerait pas de produire la guerre, la nouvelle et plus énorme baisse des fonds publics que celle qu'ils ont déjà subie depuis cinq mois ; tâchons

---

(1) Il y a plus de vingt-cinq jours que nous nous en sommes aperçus, ainsi qu'on va le lire tout à l'heure ; mais aujourd'hui la conspiration est flagrante; voir la *Gazette* de Berlin, les propos et insinuations de Mortemart à son passage par cette ville, les correspondances d'Espagne dans le *Temps* d'aujourd'hui 13 février et autres journaux, etc.

de leur persuader que ce sont les anarchistes et les républicains qui sont cause de tout le malaise de la société, de la suspension des transactions et de toutes les faillites; qu'il n'y a de danger que de ce côté là, mais qu'il est grand; que le soin de tout bon citoyen est de les surveiller, de les traquer jour et nuit, et de s'en saisir partout où on les trouvera; que ce sont des ennemis de la civilisation et de toute industrie; que ce sont enfin des monstres contre lesquels la société tout entière doit se mettre continuellement en garde.

De leur côté et à part eux, ils ont ajouté : « Écrasons-les chaque matin dans nos journaux (*les Débats* et *le Temps*), présentons-les aux départemens comme des ambitieux désappointés, des brouillons sans consistance, des énergumènes, des orateurs de carrefours et de places publiques, des politiques au gousset mal garni, et des prolétaires au ventre vide devant les somptueuses tables d'un bon restaurant, à l'heure du dîner, enfin comme des brigands et des voleurs sans feu ni lieu. (Historique.)

» Avec cela et une fois là, nous parlerons à tout moment et à toute occasion de notre glorieuse révolution, lorsqu'on l'aura mise en avant, de l'inconsistance du parti carliste, afin de mettre les provinces avec nous et de leur faire prendre le change sur les plaintes des journaux patriotes, tout en nous entendant secrètement avec les habiles du parti vaincu; entravons la révolution belge, paralysons les débats de ses représentans par un congrès à Londres, tout en protestant de nos vives sympathies pour nos frères de Bruxelles, de notre ferme résolution pour la non intervention, pour l'entière liberté où nous les laissons dans le choix de leur souverain ; mais mettons le *veto* sur tout prince qui pourrait leur convenir, hors leur ancien roi ou sa famille.

» D'un autre côté, faisons que Louis-Philippe refuse formellement, soit pour un de ses fils, soit pour lui, la couronne belge; qu'il rejette également toute réunion, le tout lui persuaderons-nous, afin de conserver le maintien de la paix européenne, et pour cela faisons parler l'aristocratie de Londres par la bouche de Talleyrand, prêtons-lui la plus grande énergie à repousser toute combinaison ou réunion quelconque avec la France, et feignons de la supposer capable d'entreprendre une guerre pour s'y opposer : de cette manière nous enlaçons le congrès de Bruxelles de toutes parts, il sera forcé de choisir le prince d'Orange pour roi; trois mois après sa restauration et une fois les masses belges rentrées, nous ferons insinuer, puis déclarer sa légitimité. — L'Europe rassurée sur ce point là, portera toute son action chez nous ; nous la guiderons par l'intermédiaire de ses légations, nous nous ferons aider par ses journaux et ses affidés, afin d'entretenir dans nos murs le malaise, de donner des embarras au gouvernement de Louis-Philippe, de fomenter des troubles, des émeutes et quelque petite conspiration jacobine. Arrivés là dans une bagarre, et avec l'aide de toutes les cours et aristocraties étrangères, il nous sera facile de dégoûter Louis-Philippe, de l'effrayer même et de lui persuader qu'il n'y aura jamais d'ordre, de tranquillité ni de commerce en France qu'en remettant Henri V à la tête de la nation (1).

Voilà, voilà où les intrigans doctrinaires avec la faction aristocratique nous conduiront, si le ciel, touché des misères et de l'état dégradant où les prétendus rois légitimes de l'Europe, avec leurs satellites ont conduit les peuples, et ce en dépit des immenses progrès de la civilisation, de ceux que l'humanité serait susceptible d'acquérir encore si elle était une bonne fois débarrassée de toutes les tyrannies qui l'ont enchaînée jusqu'ici.

Mais nous affirmons pourtant qu'ils ne réussiront pas, car la nation française a trop de nerf, la classe moyenne et patriote y voit trop clair et a trop de dignité pour se laisser asservir de nouveau, ou même, momentanément arrêter dans sa marche glorieuse de progrès, elle sait aujourd'hui et peut-être pour la première fois d'où lui viennent son malaise et la misère des classes inférieures; elle sympathise trop avec celles-ci pour se taire et faire désormais pacte d'égoïsme avec les factions oligarchiques de l'Europe en continuant à les pressurer, comme on a fait depuis trente ans.

Qu'on ne s'y trompe pas! la lutte est engagée

(1) Voir les insinuations au roi Louis-Philippe contenues dans les dernières pages d'un pamphlet in-8 intitulé : *Manifeste des catholiques*, et qui sort probablement de la plume de M. de Bonald.

entre deux principes clairement tranchés, qui sont d'une part, la liberté de l'homme dans sa plus vaste étendue avec la liberté morale d'examen et d'association, soit pour l'exploitation du globe, l'étude de ses lois et celles de l'univers; soit pour prier et adorer Dieu quand et comme il lui conviendra, faire des découvertes, les mettre à profit, répandre les lumières jusque dans les plus humbles chaumières; apprendre enfin à ces masses de populations des hameaux qu'il peut y avoir d'autres méthodes de culture que celles qu'elles ont reçues de la tradition et des usages druïdiques ou germains; qu'en réunissant leurs fortunes et leurs forces, renversant les bornes et toutes les nuisibles clôtures qui séparent leurs champs, supprimant par là cette multitude de sentiers et chemins ruraux inutiles; agglomérant leurs maisons sur les lieux les plus faciles d'accession, au pied des vallées, sur le bord des herbages et des bois, enfin aux points de vues des plus beaux sites, au lieu de les élever et isoler dans les réduits les plus malsains et les plus sauvages de chaque contrée comme avaient fait les habitudes du moyen âge, il y aura pour elles diminution de travaux, de fatigues, et économie de leur temps; plus d'idées par le rapprochement des individus, de lumières, de richesses, de facilités pour voyager, et s'instruire par conséquent.

De l'autre, de savoir si pour maintenir le *statu quo*, et conserver les lois et traditions d'un peuple astucieux, brigand, pillard et déprédateur comme était le peuple romain (1), il y aura des castes et des priviléges héréditaires, des classes destinées à toujours gouverner, et les autres à toujours servir, sans égard à leur moralité ni à leur savoir, s'il y aura deux législations et deux nations dans chaque nation; si les sociétés seront immobiles, classifiées et réduites à quelques centaines de noms propres pour le plus grand avantage et la plus grande quiétude de ceux qui vivant de revenus de capitaux ou de propriétés foncières exploitent tous les autres, et cela qu'ils descendent des anciens croisés, de quelque intrigant vulgaire, enrichi de vols et fait noble depuis cent ou cent cinquante ans, ou des comtes, barons et préfets de l'empire peu nous importe, car nous n'avons pas plus de raison de haïr ou d'aimer les premiers que les derniers : les individus nous sont indifférens, nous ne parlons et ne combattons que le système. D'ailleurs la position d'un grand nombre de ces individus aujourd'hui, si on rapproche leur intelligence et leur moralité de celles d'un très-grand nombre de jeunes hommes, privés de toute action directe sur la société, sans place ni salaires, parce qu'ils ont trop de dignité et de conscience de leur époque pour en demander, on sera scandalisé de la comparaison par la pauvreté intellectuelle des premiers.

Qui oserait à présent proposer et voter à même

---

(1) Voir Montesquieu, *Grandeur des Romains,* et tous les historiens de l'antiquité, tels que Dion, Denis d'Halicarnasse, Cicéron, Salluste, etc.

la fortune publique des millions pour parfaire ou faire à vie et en rentes, trente-mille francs à chacun de ceux que le vent des coteries et l'intrigue pourraient porter à la chambre des pairs? Personne, nous le pensons, à moins cependant que le personnel des chambres actuelles, car pour nos législateurs présens, ils le feraient très-bien. N'a-t-on pas vu tout récemment l'assemblée du Luxembourg rejeter avec morgue et brusquerie la loi sur la révision des pensions, dont la plupart ne furent que la récompense de l'intrigue, de la cupidité et de la bassesse? C'est cependant de ces rangs là que sortent nos sauveurs! Aussi voyez avec quelle avidité ils se sont précipités le lendemain des jours de juillet sur les emplois, ainsi que cette petite coterie d'intrigans libéraux des départemens? Cela ne nous a nullement surpris du reste; car nous savions bien que ceux-ci ne combattaient contre le droit divin et la noblesse que parce qu'ils n'avaient ou ne partageaient pas les places et les honneurs avec elle; gens avides, sans connaissances ni dignité, hors un bien petit nombre. Aussi, pendant qu'ils encombraient le jardin du Palais-Royal et lisaient sur les murs de la capitale les traces des combats des 28 et 29, fallait-il les entendre admirer les habitans de Paris pour leur noblesse et leur bravoure! Dans ce moment-là la raison en était simple, les sentimens et les besoins du peuple n'étant encore formulés que par un très-petit nombre de journaux, et les doctrinaires, le pouvoir en main, distribuant des mille francs de gratification pour installations, missions et emplois, maintenaient tous les appointemens de la restauration les faisait palpiter de joie.

Quelle fortune, en effet, pour le fils d'un greffier, d'un avoué, d'un avocat ou d'un huissier, immense supériorité intellectuelle de la *Gazette des Tribunaux* et son correspondant, bavard et sophiste, défendant depuis quatre, douze ou vingt ans le pour et le contre tous les jours au barreau! esprit plein des maximes des praticiens et des légistes de Rome, et en en remplissant, pendant des séances entières son parlage de lieux communs, sans aucune idée morale ni philosophique prise de la nature des choses, de la différence des temps, des lieux, des mœurs et des usages d'une société sans aucun rapport avec celle dont il cite les lois, et qui d'ailleurs ne doit pas être prise pour exemple aujourd'hui; praticien rempli de textes et les suivant à la lettre, quoique la presque totalité conduise à l'iniquité et au vol de celui qui, bon et simple, mais peu instruit par la faute et la négligence d'un clergé, asservi lui-même par des évêques intrigans, habitant la campagne et se livrant à l'exploitation de ses champs, ou y travaillant pour d'autres, s'il n'en pas à lui, les ignore, au profit d'un homme de loi, prêteur d'argent, d'un praticien, agent d'affaires, officier ministériel, légiste ou autre, demeurant à la porte du tribunal ou de la cour royale, prétendus sanctuaires où viennent s'engloutir depuis cent soixante ans toutes les fortunes mobilières et immobilières des populations rurales et agricoles, et de la partie probe et honnête des localités commerciales et industrielles, et tout cela au profit des individus ci-dessus, gens esprits forts, qui dédaigneraient de parler de Dieu ou d'entrer dans une église ou un temple dans la crainte de passer pour des imbéciles. Quelle fortune, disons-nous, que des places de juges de tribunal et de cours souveraines, de procureur du roi, d'avocat et de procureur général pour un pareil homme! Ah! il y avait à n'y pas tenir! D'autre part aussi, quel plaisir pour les anciens ou les fils des anciens préfets de l'empire, commissaires des guerres, maréchaux de camp ou leurs descendans, hommes qui ne conçoivent d'autre ordre social, politique et civil que celui des Gaulois sous César, des provinces d'Italie sous les empereurs, et des populations françaises sous Napoléon, que des préfectures, sous-préfectures ou directions générales avec les appointemens et le luxe dont les doctrinaires les dotaient! il y avait à perdre la tête de plaisir!

Mais ne voilà-t-il pas que les hommes dévoués, intègres et patriotes, qui d'abord n'avaient que deux ou trois journaux peu connus hors Paris, dans les beaux jours de pétitions, d'apostilles et de distributions d'emplois, les mois d'août et septembre enfin, se sont bientôt trouvés assez nombreux et assez forts pour amortir l'élan administratif, judiciaire, et surtout budgétaire de ces incomparables, et qu'on en voit chaque jour déjà forcés d'abandonner la partie, se retirer à l'écart, et gémir de ce que ce maudit bon sens public les a tout de suite connus et dévoilés. Ah! quelle affaire, quelle curée leur échappent là. Bonnes gens, qui nous croyaient encore au 18 brumaire ou au consulat. (Brillante et noble époque de l'humanité toutefois, et que nous admirons sans contredit, comme ayant alors produit et réalisé dans le monde extérieur, dans le monde politique et civil, tout ce qui était dans le monde intellectuel et moral, mais qu'il serait rétrograde d'imiter aujourd'hui.)

Ainsi, par exemple, ces lois sur la propriété et la société civiles, si différentes et si contraires de celles sur la société industrielle et commerciale, et qui font, comme nous l'avons déjà dit, qu'il y a en France, deux peuples et deux nations dans la nation, qui font qu'on peut vivre dans l'oisiveté, voler ses créanciers en se soustrayant à leurs actions ou les fatiguer à l'aide d'un arsenal de déception, appelé Code de procédure, et des ressources de la chicane devant les tribunaux ordinaires; soustraire le sol, valeur immense de plus de quarante milliards à l'action et circulation des transactions industrielles et commerciales; vivre soi-même au milieu d'un peuple actif, laborieux et ingénieux, modelant et façonnant la matière à la satisfaction de tous les besoins, de tous les goûts et de tous les plaisirs du luxe le plus raffiné; se procurer toutes ses aises au meilleur marché, sans courir aucune chance de revers, sans exposer sa fortune et ayant au contraire tous les avantages qui résultent depuis soixante ans, mais depuis trente ans surtout, des vastes richesses de la science économique, et des catastrophes qu'elles ont essuyées tous les quatre ou six ans depuis, au milieu des mouvemens et révolutions politiques, et qui font que, par la suspension ou suppression de la confiance, toutes les valeurs mobilières et industrielles perdant ainsi leur valeur représentative, la nécessité de leur transformation en argent apparaissant dans toutes les transactions, leur fait perdre 9 sur 10, 900 sur 1,000 ; ainsi l'homme le plus actif et le plus ingénieux, qui, étant parvenu à remplir des magasins et des comptoirs des chefs-d'œuvre de son art, et ce, pour des valeurs dépassant souvent celles des domaines les plus étendus, les perd en quelques jours à l'avantage de gens d'affaires, à argent, où propriétaire du sol, qui ne courant ainsi jamais aucunes chances, quoi qu'il arrive, remplissent leurs hôtels, châteaux et demeures des meubles, des objets et ornemens les plus somptueux, se procurent enfin tout à plaisir et sans bourse délier, pour ainsi dire, et c'est-là ce qui arrive aujourd'hui pour peut-être la dixième fois depuis quarante ans, à Paris, et dans tout le monde industriel et commercial de l'Europe.

Or, que perdent les gens de justice, fonctionnaires, propriétaires de rentes sur l'Etat ou particuliers et du sol de la France, à l'épouvantable crise commerciale qui nous dévore maintenant? Pas un obole, et bien, au contraire, la catastrophe les enrichit par la faculté pour tous de se procurer tout ce qu'ils veulent pour rien, et pour un très-grand nombre d'officiers ministériels, des monceaux d'or par le déluge d'assignations, des poursuites, de procès et de transactions qui en sont la suite.

Et nos badauds du lendemain se figureraient que le monde industriel, économique et des travailleurs se laisseraient ainsi régir par des institutions, par des lois absurdes et sémi-barbares? ou rentrant dans leurs magasins, leurs comptoirs et ateliers à gémir quelques jours sur leurs malheurs, iraient ensuite mendiant au coin de la borne, ou dans les campagnes, un morceau de pain d'un oisif, d'un praticien, ou propriétaire de fonds mille fois moins avancé qu'eux en connaissances et en civilisation ?

Consentiraient ainsi, après avoir conçu le plan et le développement des lois du progrès de l'humanité sur cette terre, les brillantes et immenses destinées qui lui sont réservées, par la mise en pratique de toutes les données de la science, de l'art et de l'industrie qu'on possède aujourd'hui; par l'invention des machines et leur application à tous les travaux et à toutes les productions imaginables et à imaginer. Se figure-t-on enfin tous les peuples d'accord par la connaissance qu'ils auront incessamment acquise du besoin et de l'intérêt qu'ils ont à l'être, sans frontières ni lignes de douanes, travaillant chacun les produits de son sol, toujours presque différent de ceux des autres peuples; la surface du globe comme un jardin à l'anglaise, couverte de fleurs, de plantes et de moissons, sillonnée dans tous les sens par des canaux, des grandes routes et des chemins en fer, couverts eux-mêmes de voitures, de chars et chariots à vapeur; d'innombrables voyageurs la parcourant dans tous les sens pour leurs affaires; des populations aux formes majestueuses, élégantes et polies, parce que les travaux qui les occupaient dans les âges nomades, pastoraux, agricoles et législatifs, et qui les rendaient grossières et agrestes, auront été remplacées par des machines et les forces de la nature ; se figure-t-on, disons-nous, ces populations partant le matin d'un jour de plaisir ou de repos par de là des contrées lointaines, plus froides ou plus chaudes, pour y assister à un jour de fête, et revenant le soir du même jour coucher chez elles ? eh bien ! tout cela est bientôt réalisé dans les états du nord des États-Unis d'Amérique (1). Et les jongleurs du *statu quo* penseraient vraiment qu'on va ainsi abandonner et oublier toutes ces connaissances et découvertes, rentrer dans les populations rurales et journalières pour y vivre au jour le jour avec la bêche, rendre de cette manière les peuples stationnaires et immobiles comme les Hébreux sous les institutions de Moïse ?

Mais, disent les importans du *Temps* et des *Debats*, nous ne sommes pas plus ennemis du progrès que vous, mais la révolution de juillet a changé les choses et nous a donné le principe parlementaire ; cela est suffisant pour aujourd'hui, il nous faut de la stabilité, que les emplois se remplissent, voyez les départemens et les élections partielles ?

---

(1) L'école théologico-absolutiste nous oppose toujours les faillites quand on parle des États-Unis ; mais ce désordre n'a lieu que dans l'ancienne colonie française, la Louisiane, où l'esclavage subsiste, et la démoralisation par conséquent, surtout à la Nouvelle-Orléans, qui est le repaire et le lieu de passage de tout ce qu'il y a d'intrigans et d'escrocs dans toutes les Antilles.

Plus tard, quand les besoins se feront sentir, nous marcherons.

A merveille! mais ils commencent dès le lendemain de l'adoption de la Charte par se faire nommer maréchaux de France, conseillers d'état honoraires et en service extraordinaire, etc. etc. etc., Conseillers d'état honoraires! entendez-vous ce que cela peut signifier? Hé bien! cela signifie quelque chose, soyez-en sûr, dans l'esprit de M. l'ancien sous-préfet de certain arrondissement de la Nièvre et autres; et puis, quand on a créé ainsi ce qu'on appelle des existences et positions sociales, on vient, éludant les institutions et escamotant les lois, arrêter la marche de la civilisation, pour que cette civilisation n'altère pas l'éclat que ces belles existences et positions sociales ont bien prétendu projeter à toujours sur la société, n'importe quelle que soit la majesté de celle-ci et la décrépitude et bêtise de celles-là.

Comme aussi 18 ou 25 millions de liste civile(1) et une cour brillante et fastueuse pour faire aller le commerce! comme si les citoyens ne savaient pas bien s'éjouir eux-mêms de l'argent que ne leur prendraient pas les impôts. Ils ajoutent : Ah! ah!

---

(1) Le ministère a présenté un projet de loi sur la liste civile, et on dit chaque jour que la chambre va s'en occuper incessamment. Or la Charte lui en donne-t-elle le droit? La liste civile, dit l'article qui s'occupe d'elle dans la Charte, sera votée pour toute la durée du règne, par la première législature assemblée depuis l'avénement du roi, ainsi la chambre n'a point le droit de voter la liste civile, et, si elle le fait, une assemblée subséquente pourra casser la loi.

nous y voilà, nous le savions bien, vous êtes des républicains, des anarchistes, pas de cour, partant, pas de royauté, pas de pairie (ils ouvrent la bouche pour dire héréditaire, mais ils n'osent pas encore); et bonnement! est-ce que les importans et libéraux du *Temps* prétendraient qu'il ne peut y avoir de royauté sans attirail féodal et accompagnement de titres bariolés de cordons? Que les immenses prérogatives de la couronne, consignées dans vingt articles de la Charte ne signifient rien sans cela? Que le droit de représenter le premier peuple du monde; de le personnifier en soi dans toutes les cours et nations étrangères, convoquer les Chambres et dissoudre celle des députés, consulter le pays par des élections universelles ou partielles, changer ou modifier les ministères, faire grâce et commuer les peines, rendre la justice en son nom, et parer la monnaie et les titres de son effigie, etc. etc., et tout cela ne signifierait rien sans un accessoire féodal et un essaim de courtisans et de corrupteurs, bardés comme Polichinelle à la face, et pour en imposer aujourd'hui à un peuple civilisé, élégant et poli(1)? Fi donc! la nation vous comprend trop bien, et elle ne veut pas, comme on l'a déjà dit, créer à toujours

---

(1) Nous n'entendons nullement par-là qu'on ne pût, dans un système de liberté, avoir des livrées, s'habiller et habiller ses gens comme on voudrait ; car la richesse étant alors la véritable expression des talens, il n'y aurait aucun privilége ni aucune position faite à même le budget, et tout homme riche pourrait se mettre à sa fantaisie sans choquer le bon sens public.

de prétendues supériorités qui l'arrêteraient ou voudraient l'arrêter et lui dicter des lois ensuite ; si cela vous déplait, allez à l'étranger ou dans vos terres, et laissez-nous marcher et nous instruire, travailler de nos bras ou par des machines, prier et adorer Dieu sur la place publique ou dans le temple, en réunion ou isolément si cela nous convient.

Nous sommes cependant assez patiens, et assez généreux et vous le voyez bien aussi depuis six mois ; mais votre opiniatreté, votre ineptie et votre égoïsme nous coûtent déjà bien cher. Voyez les complications de la politique européenne, le cri des peuples, leurs gouvernemens et la situation de la Belgique par rapport à nous ? Eh bien ! tout cela est votre ouvrage et nous aurions cette même Belgique depuis plus de deux mois, de sa pleine volonté, sans votre sottise, votre duplicité diplomatique et peut-être les trahisons plus haut ; mais prenez-y garde au moins, car cela pourra devenir plus sérieux que vous ne pensez. Bonaparte disait, au rapport d'un de ses compagnons à Ste.-Hélène, que les souverains en le transportant dans les solitudes de l'océan avaient fait comme celui qui en plein midi mettant son chapeau devant le soleil, aurait pensé plonger toute la surface du globe dans l'ombre, et qu'aucune contrée ne l'aurait plus vu ; et vous, vous avez cru qu'en récrépissant le plus vite possible les traces des combats de juillet, pour continuer la restauration, que la France les prendrait pour un de ces rêves incertains, qui se dissipent à l'apparition d'un jour diffus au matin du reveil d'un sommeil pénible et laborieux! N'a-t-on pas l'audace et l'insolence de dire que la Révolution n'a eu pour but que de venger et sauver la Chambre des Ordonnances de juillet? (*Journal des Débats du 2 février* 1831.) Comment! L'arrêt prononcé et exécuté par et en présence de douze cent mille hommes, sous les rayons d'un soleil de 30 degrés, adopté par acclamation au signe du télégraphe et avec la vitesse de la foudre par trente millions d'hommes n'ont eu lieu que pour venger l'amour-propre de quelques pitoyables médiocrités humiliées ou mécontens contre une cour féodale qui ne voulait pas les admettre dans ses salons ou les barioler de hochets comme elle! (1)

La révolution de juillet n'aurait été qu'un petit incident parlementaire, sans consistance et susceptible seulement d'un article dans le réglement intérieur des Chambres? non, non, mille fois non! la Charte faite et jurée, la souveraineté étant replacée comme nous l'avons déjà dit, des mains du peuple dans celles de Louis Philippe, les deux cent vingt-un n'avaient plus aucun droit et ils n'ont pas fait la

(1) Pendant la rédaction de la Charte, le sentiment général et très-prononcé voulait l'abolition de la noblesse hors de la pairie, et les lettres arrivaient de minutes en minutes par milliers à la chambre pour cela; nous-mêmes en fîmes remettre par les huissiers à M. le président du conseil, qui présidait; mais M. Lafitte, qui avait sans doute donné sa fille au prince de la Moskova et non à M. Ney, n'allait pas, ainsi que tous les ambitieux qui peuplent la chambre, supprimer la noblesse.

royauté nouvelle à titre de députés, mais seulement à titre de notables présens sur les lieux ou en route de toutes les contrées de la France.

Nous ne prétendons nullement qu'ils n'aient rien fait de bien et de juste depuis les 7 ou 9 août, et que le peu de bien qui se trouverait ainsi ne doive subsister, parce que ce qui est bien et juste tient, n'importe qui le proclame; c'est ce qui avait fait déclarer avec une grande justesse au *National*, lors de son procès en avril dernier, que la Charte de 1814 avait été un contrat synallagmatique quoique rédigé par Louis XVIII seul, parce que Louis XVIII était seul en position de le produire promptement, comme il faut toujours qu'un pareil acte soit produit pour être bon.

Les Écritures ne disent-elles pas que les Constitutions de Moïse avaient été promulguées au milieu de la foudre et des éclairs? Eh bien! elles disent une grande vérité, n'en déplaise aux ignorans; mais nous n'en persistons pas moins à déclarer hautement que le pouvoir que retient la Chambre depuis l'élection de la royauté n'est qu'un pouvoir de fait, dépouillé de toute valeur morale hors pour ce qu'il y aurait de juste (1).

Et le Journal des Centres n'en appelle avec tant

(1) On parle même de clore la session avec elle après le vote du budget : la loi électorale qu'elle fabrique est une véritable spoliation des droits et libertés de la nation, et nous protestons d'avance à la face du Ciel et de la terre contre, et en appelons à la véritable France qui se fera jour avant quinze mois.

de jactance à l'opinion que parce qu'il a son opinion, le fait est facile à démêler, et que ce n'est qu'à cette oligarchie électorale de la restauration, augmentée du produit d'un petit abaissement dans le cens et non à l'opinion du pays telle que le pays est en droit de demander à être entendu, au lieu de l'être par de misérables coteries de censitaires à 300 francs, faisant pacte d'apostilles et de places avec les candidats en échange de leur vote.

La majorité, dans chacune de ces coteries, s'étant emparée des emplois après la révolution de juillet, il est vraiment bien surprenant de voir qu'elle renvoie les mêmes députés à la Chambre, toutes les fois qu'on les consulte! Il était réservé à notre époque plutôt de voir jusqu'où la cupidité et l'égoïsme pouvaient porter leurs prétentions. A entendre nos doctrinaires et autres oligarques des centres, il n'y a que l'argent, que la fortune qui rende apte à exercer des droits politiques, parce qu'il n'y a selon eux que les gens riches et les officiers ministériels, qui soient instruits; il n'y a que les gens payant 300 ou 1,000 f. qui puissent raisonner des affaires publiques!.....

Nous rencontrâmes, il y a quelques jours, deux avocats à la Cour royale, se rendant, nous dirent-ils, chez un de leurs confrères, où ils ont l'habitude de se réunir un jour la semaine pour y discuter sur les prérogatives de l'ordre. De quel ordre, dira-t-on? et de l'ordre des avocats! Or, figurez-vous bien par la pensée le cercle de ces docteurs! Un dit : L'avocat est libre, sa profession est indépendante, il peut seul parler couvert. Un autre ajoute : Cicéron et

Hortensius ont fait ou dit telle et telle chose dans telle et telle circonstance; et nos orateurs de se frotter les mains en signe de joie, tout fiers d'appartenir à une aussi noble profession.

Mais qui, direz-vous, s'intéresse donc tant des priviléges de l'ordre des avocats?

Tout ce qu'il y a de plus inepte et de plus étroit au barreau. Aussi dès une heure avant la conférence hebdomadaire à la bibliothèque, jusque bien long-temps après, ces gens-là sont, sans jamais manquer, à faire du parlage pendant des heures entières sur les plus simples questions. Écoutez-les! Ce sont d'ailleurs presque toujours les mêmes et vous serez doué d'une bien grande patience si vous pouvez prêter l'oreille seulement dix minutes à des lieux communs et à des circonlocutions sans idées. Hé bien, voilà pourtout les hommes qui plaident souvent, très-amis des avoués et autres donneurs de causes; qui se sont enrichis et qui s'enrichissent chaque jour de leur Cabinet, qui arrivent à payer 300 fr. et 1000 fr. d'impôts, et que les coteries de la *Revue de Paris*, du *Temps* et des *Débats* trouvent seuls avec les anciens ou les officiers ministériels actuels, tels que huissiers, avoués, greffiers, praticiens, légistes, gens d'affaires et de chicane, trop connus des populations, exclusivement capables de représenter l'opinion et les intérêts de la France dans les colléges électoraux et à la chambre des députés!

A-t-on jamais poussé le cynisme plus loin? Non assurément; et il était réservé, comme nous le disions tout à l'heure, aux hommes de la révolution de juillet, au peuple le plus instruit, le plus magnanime et le plus désintéressé de la terre, de le voir en 1831 ; et on ne serait pas saisi d'indignation et de dégoût à la lecture de pareilles choses !

Qu'on joigne à tout cela leurs intrigues dans l'instruction et pendant les débats de l'affaire des anciens ministres, l'incompétence radicale et absolue de l'ancienne pairie à les juger.

De quel droit en effet la chambre des pairs pouvait-elle se parer pour prononcer un arrêt? D'aucun droit, il faut encore hardiment le proclamer. En effet, s'il a été reconnu une chambre des pairs, et tacitement des pairs eux-mêmes, tout faits, par l'exclusion de ceux nommés sous le règne du roi déchu, leur titre ne datait que de la Charte dernière, et il y a eu solution de continuité, souveraineté du peuple et dans les mains du peuple jusqu'à ce qu'il s'en soit dessaisi.

Or c'était pour l'agression et la lutte de l'ancien pouvoir contre le peuple, et desquelles le peuple était sorti victorieux, qu'ils étaient accusés ; mais la voix du ciel qui avait inspiré la résistance, sanctifié et couronné la victoire, n'était certes point passée à la réunion mesquine de cent trente individus dans une des salles du Luxembourg, elle était alors remontée au ciel, et n'était plus sur la terre. Les anciens ministres étaient des vaincus ; et les populations des provinces qui les arrêtèrent ne comprirent pas la chose, et devaient les mépriser sans leur faire obstacle, ou bien les arrêter et enfermer d'emblée dans une forteresse, s'il y avait à craindre qu'ils ne devinssent plus tard dangereux pour nous chez l'étranger ou en France. Mais les doctrinaires du Luxembourg sentaient très-bien qu'en se déclarant incompétens, c'eût été reconnaître et avouer qu'il s'était passé quelque chose, qu'il s'était passé une révolution; que l'ancien contrat de la dynastie déchue avec la nation avait été radicalement anéanti, et cela mettait à nu ce qu'était la chambre des pairs depuis le 29 juillet, c'est-à-dire une pairie signalée dans la nouvelle Charte, mais une pairie à organiser et à constituer sans aucun droit de juridiction sur un crime pareil, et surtout sur un crime antérieur. Eh! les doctrinaires de là, comme des centres du palais Bourbon, ont tout fait pour faire oublier la semaine de juillet.

Tous les principes, tous les droits, et même toutes les convenances, ont été, il faut bien le dire, foulés aux pieds pour la conservation de la position politique et pécuniaire de deux ou trois factions oligarchiques et anti-civilisatrices. Les quatre prisonniers du fort de Ham, pour lesquels certes, nous n'avons aucune affection, et que nous aurions au contraire vus périr avec plaisir le 29 juillet derrière une barricade, ne sont à nos yeux que quatre prisonniers de guerre, *détenus, simplement détenus*, et que l'on devra mettre en liberté aussitôt que la raison publique pensera qu'ils ne nous seront plus dangereux. La prétendue exécution et dégradation aux termes de la loi, dont parlait il y a quelques jours la *Gazette des Tribunaux*, ne serait qu'une insulte, une vexation gratuite dépouillée de toute sanction de justice, et qu'on ne doit pas se permettre.

Les événemens nous débordent aujourd'hui (3 février) ; mais revenons à la Belgique. Ce pays, nous en appelons à tout le monde, ne se prononça-t-il pas, il y a trente-cinq ou quarante jours, pendant plus de quinze, pour sa réunion pure et simple à la France sans les refus, les déclarations et presque les insultes diplomatiques du Ministère? Eh bien! de quel droit le Cabinet refusait-il ainsi l'accession et l'annexe d'une riche contrée à la France? A-t-il le droit d'aliéner ou de céder une de nos provinces? Non sans doute, et son refus d'acceptation était une véritable aliénation, c'est cependant toutes ces menées diplomatiques qui ont alors découragé et même indisposé le peuple Belge contre nous. On sent très bien du reste, d'ou provient la cause de cette singulière et coupale conduite.

Nous l'avons déjà dit, la révolution de juillet est tombée dans les mains d'une faction oligarchique, dorée et titrée, chargée de richesses et de cordons ou visant à en avoir, pour laquelle toute institution large et populaire est une horreur, or en admettant, en adoptant les Belges, il fallait bien ne les pas faire déchoir de la liberté qu'ils ont proclamée et dont ils jouissent et cela aurait été d'un mauvais exemple, eût été même impossible sans que la France en profitât. D'un autre côté, les agioteurs, les intrigans et les capitalistes-propriétaires de mines et usines que nous pourrions nommer, ne veulent pas avoir la concurrence des Belges, dans la vente qu'ils font aux prix qu'ils veulent aux Français, de leurs produits (1), et cela, par la conjuration anti-nationale et économique, établie entre eux et l'ancien grand prévôt de la douane depuis plus de quinze ans, l'homme aux prohibitions, M. de Saint-Cricq enfin.

Eh bien! qui croirait que ce même homme, vient d'être de nouveau, replacé à la tête du bureau du Commerce? Patriotes et citoyens de toutes les opinions! voyez comme on se joue de la révolution dernière et de la science de production. A même la fortune publique! il ne reçoit pas d'appointemens nous dit le Journal, nous, nous affirmons que, s'il n'en reçoit pas ce n'est point pour épargner le budget, mais bien plutôt parce qu'à ce moyen, on croit en imposer aux électeurs des Basses-Pyrénnées, et que d'un autre côté les intérêts s'entr'aident.

M. de Saint-Cricq est le créateur de ces fameuses et immorales lois sur les fers, les sucres et autres qui font payer trente ou trente-neuf millions par an, de plus, à nos malheureuses populations rurales et agricoles, que ne leur coûteraient les fers de Suède bien meilleurs, et autant à nos villes par le renchérissement des bois. Or, il y a quelques jours, on ne parlait que des menées de certain ministre favori de 1820, de ses audiences au Palais-Royal,

(1) L'ignorance des principes de l'économie politique est tellement manifeste chez quelques autres, que ceux-ci vont jusqu'à faire des pétitions pour repousser toute réunion ou rapports avec la Belgique.

pour le triomphe encore plus complet du doctrinarisme et autre chose à lui personnel sans doute. Or, ce personnage a d'immenses fournaux dans l'Aveyron. Le président de la chambre des députés, de son côté, fort intéressé dans les mines de charbon de terre d'Anzin, avait en même temps et a encore presque tous les jours des audiences du roi. Tout cela rapproché de la nouvelle organisation du bureau de Commerce sous la présidence de M. de Saint-Cricq en dit assez.

Les tripotages pour les finances d'Espagne, l'association d'Aguado avec le parent de M. le président du conseil, la recommandation de ce dernier aux anciens correspondans de sa maison, en faveur de ce même Aguado, les misères de nos rentrées, l'énorme budget qu'on vient de présenter aux Chambres, tout cela est digne de l'attention des hommes *patriotes*, *dévoués* et *sincères*, et nous le leur faisons remarquer.

Oui! si les destinées de la France sont encore seulement quatre mois sous la direction du ministère et de la Chambre actuelle, il est impossible de n'être pas effrayé des conséquences qui en résulteront, non pas seulement pour nous, mais pour l'Europe. Rien n'est arrêté; on marche au jour le jour; plus de commerce; l'ordre vicieux de la restauration, ayant accumulé tous les capitaux dans un petit nombre de mains, et l'aristocratie féodale, par le milliard de l'indemnité et les appointemens scandaleux et toujours croissant, qu'elle se distribuait chaque année, depuis quinze ans, ont mis presque tout le numéraire et un grand nombre de propriétés dans leurs mains. Aussi, tout le commerce, simple locataire de ces capitaux, les a-t-il vues disparaître comme un nuage dès les premiers jours du mois d'août. Aujourd'hui qu'ils sont tous rentrés dans les mains de ces coteries, on n'en voit plus, et M. Guizot, qui vient faire de la doctrine à la tribune, pourrait s'il voyait juste, ou avouait ce qui est, dire que le malaise, l'agitation des esprits et la crise commerciale, viennent d'abord de cette cause, par la conspiration tacite qui existe entre tous les détenteurs d'argent à n'en mettre aucunement dehors, et cela, 1° quant aux partisans du droit divin, pour susciter des embarras et renverser l'ordre de choses actuel s'ils pouvaient; 2° quant aux autres, afin d'altérer le crédit et faire tomber encore davantage la rente et toutes les valeurs pour en acheter, doubler par-là leurs capitaux en dix-huit mois ou deux ans, comme ils se ressouviennent d'avoir plusieurs fois fait durant la restauration, à l'aide d'un amortissement sans mesure pris sur les contribuables; et en troisième lieu, par le mécontentement des esprits dévoués et sympatiques pour les classes malheureuses, et qui voyant toutes leurs espérances suspendues ou arrêtées par la marche des choses, ne peuvent ni ne veulent certes se laisser ainsi dépouiller par une une faction aristocratique, ennemie de toute lumière et de tout progrès dans les masses, des justes conséquences qu'ils ont droit d'espérer de cette révolution. 4° Par le scandale du salaire des places, salaires sans aucun rapport avec la position et les revenus, même des plus riches des citoyens, et qui ferait, que, s'il durait seulement deux ans, en face de la crise qui nous dévore, tout le numéraire de la France passerait et resterait dans les mains de cette foule de hoberaux, qui ne se sont tant précipités sur les emplois que pour en avoir l'argent et le thésauriser, par la conscience qu'ils ont précisément que cela ne peut durer long-temps à leur avantage.

Et, quant aux réductions opérées dans plusieurs directions générales, elles n'ont abouti qu'à des augmentations des dépenses, et même ce qu'il y a de plus impudent, c'est qu'on a fait des appointemens pour des individus; ainsi, par exemple, le directeur-général des domaines à 25,000 francs, et ses sous-directeurs chacun 15,000; tandis que les autres directeurs-généraux et sous-directeurs ont seulement 20,000 et 12,000 francs. Or, n'est-il par honteux de la part du ministère de les offrir, et de la dernière impudeur de celle de ces individus de les accepter, n'importe qu'ils s'appellent M. Calmon et autres ?

Eh! si le pouvoir était tombé dans les mains des hommes à qui il appartenait de développer le principe de liberté contenu dans la révolution de 1830, M. le directeur-général des domaines et autres auraient été très-contens de remplir ces emplois pour 12,000 et 10,000 francs tout au plus, ou ils auraient promptement décampé comme mauvais citoyens.

Il en est de même pour tous les généraux et états-majors, dont les prétentions retentissent tous les matins dans les journaux et le *Moniteur* depuis six mois. Un assez grand nombre de ces derniers a même cru qu'il s'agissait de rétablir en outre les majorats et gouvernemens militaires de l'empire ; mais pour nous, la capacité stratégique de la plupart d'entre eux ne nous en impose point, et il y a mille à parier contre un, que, si on a une guerre européenne à soutenir ou à faire, comme oui [car nous pensons nous, que les principes de notre ordre politique sont inconciliables, quoi que fassent les oligarques des centres, avec ceux de l'ancienne sainte-alliance (1)], ce ne sera pas d'eux que sortiront les capacités militaires, mais bien des rangs de l'armée et des générations qui échappèrent par leur âge, lors de la chute de l'empire, aux coupes réglées que Bonaparte en faisait chaque année depuis plus de douze ans, pour soutenir son despotisme. Tout cela, disons-nous, est la cause du malaise que le philosophe orateur des centres, attribue si charitablement aux anarchistes et perturbateurs qui n'existent

---

(1) Que les intrigans, les gens à argent, égoïstes et avidités de toutes les opinions qui se sont depuis quelques temps groupés sous la bannière d'un tout grand journal sachent que nous ne pensons nullement avoir besoin de la guerre pour le triomphe de nos principes : Le temps et les choses travaillent pour nous ; la vérité se répand aujourd'hui avec une incroyable vitesse par la presse, tout entravée qu'elle est, et elle aura seule, et sans coup férir, fait justice de tous les jongleurs avant deux ans. Nous sommes donc, sous ce rapport, beaucoup plus rassurés qu'ils ne pensent.

point, ou qui sont si peu nombreux qu'on ne peut en saisir nulle part.

On n'en finirait pas si l'on voulait tout signaler : cette magistrature de la restauration est de l'empire, par exemple, comme celle qu'on fait encore chaque jour, qu'est-ce autre chose sinon un vaste assemblage, espèce de panthéisme judiciaire, répandu par escouades sur toute la surface du territoire et décidant les causes, prononçant sur la fortune des citoyens avec à peu près le même discernement que ces dieux subalternes de la fable, qui, apostés, une massue à la main, au passage de l'Olympe et du Ténare, frappaient en aveugles sur justes et injustes, et précipitaient ainsi au hasard, toutes les âmes dans les lieux éternels.

Voyez la marche qu'elle a suivie, dans les affaires des créanciers des émigrés contre les parties prenantes au milliard de l'indemnité?

Il y avait eu pour quatorze cents millions de biens confisqués, sur lesquels il y avait pour peut-être neuf cent soixante millions de dettes ; or, d'après les calculs de la trésorerie, il y en eut seulement pour trois cent vingt et quelques millions de payées par la nation à la décharge des émigrés. Restait donc plus de six cents millions de créances sur ces derniers, et la plupart des créanciers de cette énorme masse de dettes ne s'étaient abstenus de réclamer, que par des motifs d'honneur, par scrupule de reconnaître l'Etat comme substitué au lieu et place des émigrés leurs débiteurs, et de poursuivre ceux-ci qui étaient dans le dénûment ou absens en émigration; et pour les autres, que parce qu'en s'adressant à la République ils n'auraient touché d'elle, pour leurs créances, qu'un papier sans aucune valeur.

Or, du moment où on faisait abstraction, en 1825, des trente-neuf ou quarante ans qui s'étaient écoulés entre les confiscations et l'indemnité, et qu'on supposait que l'action à ce dédommagement n'avait pas cessé d'exister dans les mains des émigrés, ne devait-il pas en être de même pour les créanciers qui s'étaient trouvés pendant le même espace de temps dans l'impossibilité morale d'agir?

Malgré la mauvaise volonté des trois cents, pour ne pas se servir d'une autre expression, et la reconnaissance formelle des droits des créanciers des émigrés sur l'indemnité par la chambre des pairs, la magistrature a-t-elle fait la part des circonstances dans l'application de la loi du 27 avril, vis-à-vis des créanciers?

Le principe fondamental de cette loi étant tout politique et en dehors du droit civil, les tribunaux devaient-ils s'attacher exclusivement au droit civil et n'avoir aucun égard aux circonstances morales en faveur des créanciers?

Eh! il y avait des textes romains et français par centaines! et comme ces textes n'avaient pas prévu le cas d'une restitution de confiscations à titre de droit, sous un effet rétroactif remontant à trente ou quarante ans, cette savante magistrature déclare toute créance pour laquelle il n'y a pas eu de poursuites faites, c'est-à-dire, pour laquelle le créancier ne s'est pas achevé de ruiner en frais, éteinte par la prescription, et anéantit pour peut-être quatre cents millions de créances au profit des émigrés, qui recueillent ainsi le prix de leurs biens sans en payer les charges; et on appellerait cela de la justice!

Mais diront les légalistes, légistes et autres, vous ne voulez donc pas de lois? Nous ne voulons pas de celles que vous faites, de lois bavardes et dix fois plus longues qu'il ne faut, et qu'on nous donne depuis deux siècles, puisque ce n'est qu'un arsenal d'iniquité et de déception, fait absolument pour donner de l'importance et mettre le gouvernement de la société tout entière, dans les mains de cette multitude de médiocrités, qui, incapables de connaître et de décider par elles-mêmes, du juste et de l'injuste des choses, demandent ou fabriquent des milliers de textes pour leur servir de guidâne. Or, sans ces textes, que seraient toutes ces capacités-là? Rien absolument, elles seraient sous la direction du génie, et lui obéiraient comme la foule. D'ailleurs, ne voit-on pas que le génie scrutant avec son regard d'aigle l'ensemble et pouvant découvrir les principes fondamentaux et la raison philosophique d'une série d'articles, et n'ayant cependant dans les tribunaux, que son opinion à opposer à celle souvent d'une demi ou d'une douzaine d'hommes ordinaires, prise presque toujours par eux, d'un texte ou tout au plus du fonds d'un ou de deux articles et non de l'ensemble, précisément par leur faiblesse intellectuelle, ils ne peuvent atteindre les rapports et vérités que son esprit saisit, et ne pouvant les atteindre, ils ne veulent pas croire qu'il ait raison; tout fiers donc de leur nombre, ils le lui jettent volontiers à la tête en se moquant de lui, comme faisaient les trois cents, quand on leur objectait quelque chose.

Ainsi donc, de deux choses l'une, ou la magistrature devait être réduite à trente ou quarante jurisconsultes philosophes, parcourant individuellement chaque mois, les départemens, et y rendant la justice, ou à une magistrature toute nouvelle, et rendue à l'élection des justiciables qui auraient bien pu se tromper à la première élection il est vrai, mais qui auraient bien su trouver à la seconde le génie et la probité où ils se seraient trouvés.

D'ailleurs, l'inamovibilité qu'on jette aujourd'hui en avant dans toutes les chartes est on ne peut plus funeste. En effet, on conçoit que, dans un temps de demi-civilisation, et où les charges de judicature se vendaient, qu'on stipulât du pouvoir des garanties contre les destitutions et confiscations de ces charges, et d'un autre côté, les magistrats prononçant également alors sur le fait et le droit, dans toutes les matières criminelles, le pouvoir pouvait être à craindre; mais aujourd'hui que le jury prononce sur la culpabilité, et que les juges ne sont plus chargés que de décider sur des intérêts particuliers, l'inamovibilité ne fait qu'assurer et affermir les médiocrités et les sots dans leur position, écarte pour eux toute crainte de censure et mépris de leurs concitoyens, qui les suivraient partout, et les rendraient circonspects, s'ils se sentaient exposés à rentrer un jour dans la foule.

Et voilà pourtant l'ordre bâtard et matériel que voudraient encore nous imposer à toujours ces parlementaires ! Écoutez leur chef dans son rapport sur le projet de loi pour le salaire des ministres du culte hébraïque à la chambre des pairs ? Heureusement que le même jour le jury faisait justice du despotisme odieux de ces médiocrités jalouses sur les intelligences dans l'affaire de M. de Lamennais.

Oh ! nous ne sommes plus en 1828 ! Mais nous concevons fort bien tout le plaisir que certains hommes pouvaient éprouver à avoir un double budget dans les mains. Le curieux rapport de M. Jacques Lefèvre à la Chambre sur le réglement des comptes de cette même année 1828 nous en a révélé assez sous ce rapport.

Quant à la loi sur la garde nationale, elle est ce que devaient la faire les deux cent vingt-un, un assemblage informe, incohérent, et digne tout au plus d'une assemblée du treizième siècle, à l'intention près. Aussi une individualité comme le général Lafayette s'y trouvant, pouvait-elle leur échapper ?

Comment ! Lafayette, le citoyen de la terre entière, l'homme sans égal, et mille fois au-dessus de tout ce que les annales des républiques de Rome et de la Grèce ont signalé de plus grand, de plus juste et de plus humain, serait sorti sain et sauf de la discussion des centres de la Chambre ? C'était impossible, et la conduite des deux cent vingt-un l'a certes bien honoré ! L'histoire, en transmettant son nom à la postérité, ne mentionnera le fait que comme un de ces petits incidens qui se rencontrent parfois dans la marche et le mouvement des plus grandes choses, et qu'on ne dirait y être que pour éveiller l'attention et servir à l'amusement des oisifs.

Nota. Depuis que nous avons écrit les réflexions qui précèdent, bien des choses désolantes et instructives tout à la fois se sont passées. Et, si les hommes du pouvoir avaient la plus légère conscience de leur époque, ils en prendraient leçon ; mais non.

D'un côté, des conspirations sacriléges, basées sur des espérances absurdes, et beaucoup plus dignes de pitié que de châtiment.

De l'autre, des rassemblemens populaires et des dévastations froidement exécutées, sans férocité ni effusion de sang, et avec tous les signes d'un instinct, et plus que cela même, d'un profond sentiment de justice de la part de la multitude.

Au surplus, pendant les journées de juillet, et bien des fois depuis, l'observateur philosophe, c'est-à-dire presque tout le monde aujourd'hui, avaient pu se convaincre de combien les temps étaient changés ; que nous n'en étions plus à 93, ni à aucune des crises intermédiaires de cette époque à nos jours, et que l'on avait bien entendu poser à *priori* les 29 et 30 juillet, une république couronnée d'un roi, et non à *priori* une monarchie, sauf à y admettre ce qu'on pourrait de la république.

Nous n'avons pas besoin d'en dire davantage, tout le secret est dans ce peu de lignes : mais qu'il ait été compris par l'oligarchie ? elle est trop égoïste et de trop mauvaise foi pour l'exécuter.

Qu'il ne l'ait pas été, elle est trop avide et trop présomptueuse pour se retirer.

Attendons donc encore un moment, le temps en aura bientôt fait justice.

FIN.

www.ingramcontent.com/pod-product-compliance
Lightning Source LLC
Chambersburg PA
CBHW070658050426
42451CB00008B/406